Rafik Schami

Die Geburt

Eine Weihnachtsgeschichte
mit Illustrationen von Mehrdad Zaeri

edition✣chrismon

Bibliografische Information der Deutschen Nationalbibliothek:
Die Deutsche Nationalbibliothek verzeichnet diese Publikation
in der Deutschen Nationalbibliografie; detaillierte bibliografische
Daten sind im Internet über http://dnb.d-nb.de abrufbar.

Gesamtgestaltung: Ellina Hartlaub, Frankfurt/Main

S. 46/47: Illustration nach einem Holzschnitt von
Günter Bruno Fuchs

Druck und Bindung: BELTZ Grafische Betriebe GmbH

ISBN 978-3-96038-286-7

www.eva-leipzig.de

Es war

oder es war nicht eine Frau

namens Mariam Aladra.

Sie studierte in Heidelberg Philosophie
und Geschichte und hoffte, nach
dem baldigen Abschluss des Studiums
in ihre Stadt Bir Sait im Westjordanland
zurückkehren und dort Geschichte
unterrichten zu können,

تحياتنا من هايدلبيرغ

denn nichts wird in Arabien so geliebt
und missverstanden wie Geschichte –
aber das ist eine andere Geschichte.

Mariams Stipendium war so knapp
bemessen, dass sie alleine nach Deutschland
gekommen war. Doch trotzdem konnte
sie etwas Geld sparen, das sie Monat
für Monat ihrem Mann überwies, denn mit
dem ersparten Geld ließ sich eine kleine
Werkstatt in Bir Sait einrichten.

Und jedes Jahr im März
fuhr Mariam nach Hause,

um die Sehnsucht
nach ihrem Mann zu stillen,

und die nach ihren Eltern,

und Freunden,

und sei es auch nur für ein paar Wochen.
Und Mariam fand den Frühling in Bir Sait
am schönsten.

Das ging Jahr für Jahr so, aber im letzten Jahr merkte sie kurz nach ihrer Rückkehr nach Deutschland, dass sie schwanger war.

Sie rief ihren Mann an und teilte ihm die
Nachricht mit. Er weinte vor Freude am
Telefon und bat sie, nichts mehr zu sparen
und lieber sich zu verwöhnen.

Von nun an schrieb ihr Mann jede Woche
zwei Briefe, einen an seine Frau und
einen an seinen Cousin Jusuf Alnadschar,
der schon seit einer Ewigkeit in Landau
studierte und in der Nähe, in Fletschburg,
wohnte. Er beschwor den Cousin bei
der Seele seines verstorbenen Vaters, auf
Mariam aufzupassen und sie öfter zu
besuchen.
Und so trafen sich Mariam und Jusuf
häufig. Mariam empfand große Freude über
den neu belebten Kontakt zu dem
schmächtigen und redseligen Cousin, der
zudem ein exzellenter Koch und
Geschichtenerzähler war. Es verging
keine Woche, ohne dass sie sich besuchten.
So auch Anfang Januar dieses Jahres.

23

Es war zwar ein eiskalter Tag, aber Mariam
fühlte sich so wohl, dass sie beschloss,
Jusuf zu besuchen. Sie wollte sich
verwöhnen lassen und Jusufs neue Liebe
kennenlernen, von der er seit zwei
Wochen schwärmte.

Er hege, erzählte er, einen Plan, das sinn-
lose Studium endlich aufzugeben und in
Mannheim ein ganz besonderes Restaurant
zu eröffnen. Nur fünf, sechs Tische.

Er würde kochen, seine Freundin Claire
bedienen und jede Nacht würde er den
Gästen zum Abschied eine Geschichte
erzählen. Claire sei von der Idee begeistert.

Es wurde ein geselliger Abend. Die
beiden hatten in der kleinen Küche wahre
Wunderwerke für Mariam gezaubert.
Und Jusuf hatte nicht übertrieben, Claire
war ein herzerfrischender Mensch.
Mariam lachte viel. Aber plötzlich,
während sie wieder einmal lachte, spürte
sie einen stechenden und ziehenden
Schmerz im Unterleib und wusste sofort,
dass die Geburt unmittelbar bevorstand.

Es war zwar ihre erste Schwangerschaft,
doch irgendetwas in ihr sagte mit sicherer
Stimme: Es ist soweit! Die Wehen kamen
schnell und heftig. Jusuf, besorgt um die
Gesundheit seiner Verwandten, bot ihr an,
sie nach Mannheim in die Klinik zu fahren
und bei ihr zu bleiben. Er zappelte herum
wie ein aufgeregtes Küken. Und deshalb
sagte seine Freundin, als sie aus der
Tür gingen, leise, aber mit Bestimmtheit
zu ihm: „Lass mich fahren, du bist viel zu
nervös!" Sie fuhren über die Landstraße
von Fletschburg nach Mannheim.

Es war kurz nach neun und die Nacht klar
und eiskalt. Raureif glitzerte auf der Straße,
als wollte er die Sterne des Himmels
spiegeln. Mariam biss die Zähne zusammen
und schämte sich, den Cousin so durch-
einandergebracht zu haben, dass er trotz der
Kälte ohne Jacke ins Auto gesprungen war.

Kreidebleich schaute er sie an und fragte
auf Deutsch: „Wie geht's?" Mariam
musste trotz ihrer Schmerzen schallend
lachen, weil Jusuf hörbar mit den Zähnen
klapperte.

Sie wollte ihn beruhigen, doch brachte sie kein Wort über die Lippen, sondern lachte nur und lachte und fühlte plötzlich bei ihrem Lachanfall, dass die Geburt ihres Kindes nun keine Sekunde mehr hinausgezögert werden konnte.

„Halt an. Das Kind kommt", sagte Mariam
und empfand merkwürdigerweise keine
Schmerzen mehr, sondern eine Art Rausch.
Alles war fern und still. Claire fuhr an den
Straßenrand und brachte das Auto unter
einer Brücke zum Stehen.

„Lass die Warnblinkanlage an", riet Jusuf leise und half Mariam aus ihrem dicken Mantel. „Im Kofferraum ist eine Decke", sagte Claire. Als Jusuf sie holen wollte, stieß er sich dabei vor lauter Aufregung so heftig

den Kopf an der Kofferraumhaube,
dass er an der Stirn blutete.
Mariam fing an zu pressen.
Jusuf rannte los,
um Hilfe zu holen.

Er wusste nicht wohin, traf aber bald auf
ein etwas heruntergekommenes Haus nahe
der Brücke, in dem einige Lichter brannten.
Er drückte auf alle Klingeln. Mehrere
Männer und Frauen schauten zum Fenster
hinaus.
Mit ängstlichen und misstrauischen Blicken
musterten sie den blutenden Araber. „Was
iss'n los, Mann?", fragte ein Nigerianer
auf Englisch, und Jusuf war zum ersten Mal
im Leben seinem Englischlehrer dankbar.

„Die Frau meines
Cousins bekommt
gerade unter der
Brücke ein Kind.
Bitte helft uns!"

Und als hätte er die fragenden Blicke
der Bewohner verstanden, zeigte er auf
seine Wunde und sagte verlegen lächelnd:
„Ich hab mich vor Aufregung am Kopf
verletzt. Bitte helft uns. Wir brauchen
warmes Wasser, Tücher und Decken."
Und er hüpfte beim Reden vor Aufregung
und Kälte von einem Fuß auf den anderen.
Eine Eritreerin, eine Vietnamesin und eine
blonde Rumänin eilten, gefolgt von ihren
Männern und Kindern, Jusuf nach,

und schon nach wenigen Schritten konnten
sie vom Hang aus Mariam und
Claire neben
dem Auto sehen.

Und während die drei Frauen den Hang
hinter Jusuf hinuntergingen, liefen
die Männer ins Haus zurück, um Decken
und warme Kleider zu besorgen. Ein
Vietnamese zog einen kleinen Wagen
hinter sich, auf dem die ganzen ärmlichen
Reserven aus der Küche standen. Joghurt,
Thymian, Salz, Brot und Butter.

Gleich darauf kam ein Perser mit einer
großen Kanne Tee und alle standen um ein
kleines Feuer, das Jusuf unter der Brücke
entfacht hatte. Die Kinder sammelten Holz
und warfen es fröhlich in die Flammen.

Und dann hörten sie alle plötzlich den ersten Schrei, mit dem jedes neugeborene Kind einen Stern in den Himmel ruft.

Ein Landstreicher in einem alten Fellmantel
torkelte den Hang hinunter und hob seine
Weinflasche: „Zum Wohl!", rief er und
wäre dabei fast über seinen großen schwar-
zen Hund gestolpert. Unten angekommen,
erkundigte er sich nach dem Grund der
Versammlung, und als er das Baby sah,
fing er an zu weinen und eine nicht enden
wollende Geschichte von seinem Sohn
zu erzählen, den ihm der Staat
weggenommen habe.

Zwischendurch machte er eine Pause und beruhigte die Kinder, die Angst vor seinem Hund hatten. „Er ist kinderlieb wie ich", sagte er und streichelte ihn.

Plötzlich näherte sich ein Streifenwagen
der Polizei und hielt in einiger Entfernung.
Zwei Polizisten stiegen aus und kamen
langsam näher.

„Was ist hier los?", fragte der Ältere
der beiden.

„Eine Geburt", antwortete Jusuf.

„Eine Geburtstagsparty. Fast wie Weih-
nachten!", bekräftigte der Penner und
nahm einen kräftigen Schluck.

„Und wer hat das Feuer gemacht?", fragte der junge Polizist.

„Der Vater", antwortete Mariam in Decken gehüllt aus dem Innern des Wagens.

„Sind Sie der Vater?", fragte der jüngere Polizist Jusuf höflich.

„Nein, nein. Der Vater ist mein Cousin. Er heißt Ruh Elkudus. Er hat das Feuer angezündet und löste sich wie ein Geist in Luft auf."

Der ältere Polizist lachte und schüttelte den
Kopf. Er beugte sich zu Mariam und dem
Kind hinunter und sagte: „Ich rufe sofort
einen Ambulanzwagen. Die Klinik ist nicht
weit. Alles Gute!" Er drehte sich um und
hielt beim Anblick der Ausländer inne,
die ihre Hände am Feuer wärmten.

„Und das sind die Königinnen und Könige
aus dem Morgenland", sagte Jusuf, und
seine Aufregung legte sich bei zunehmen-
der Wärme und der Gewissheit über den
guten Zustand von Mariam und ihrem
Sohn.

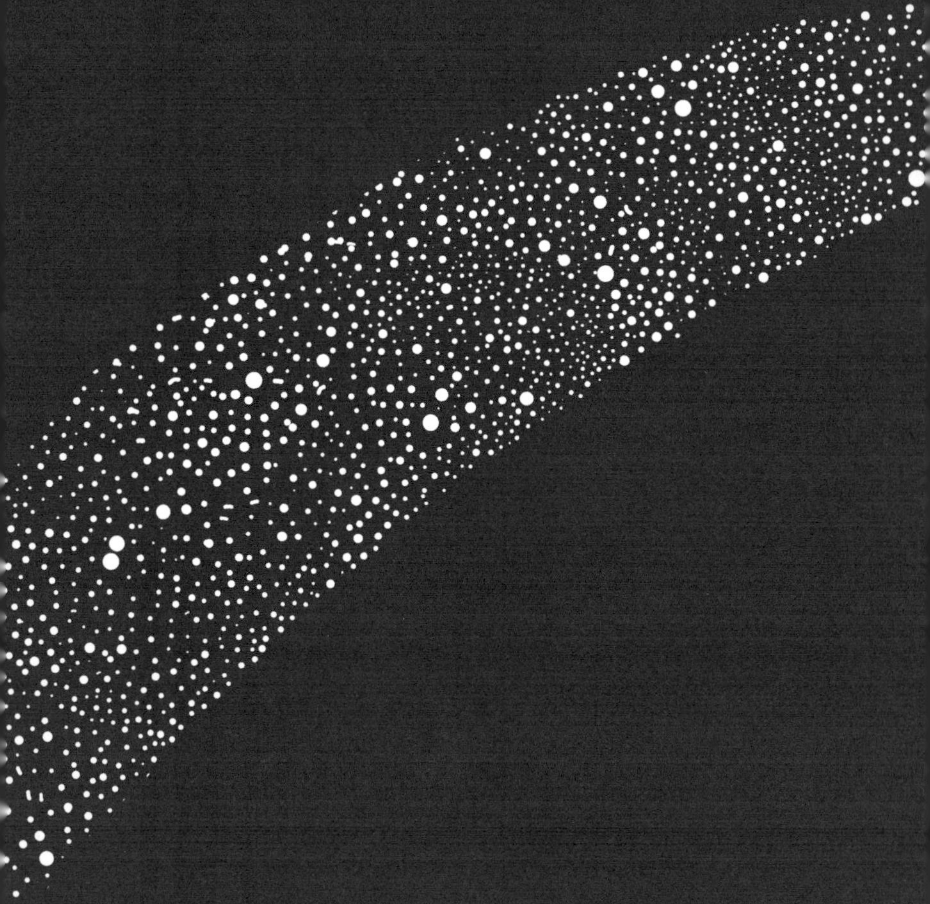

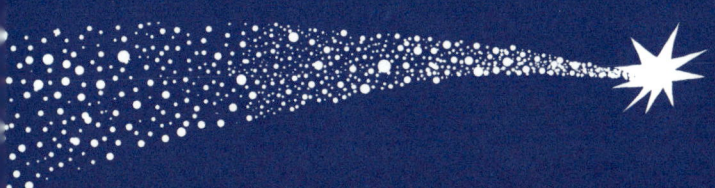

„Aber in der Bibel waren es doch nur drei
Könige!", rief der ältere Polizist und lachte.
„Oh, es waren bestimmt mehr als drei,
und warum die Königinnen nicht genannt
wurden, ist eine andere Geschichte",
antwortete die Frau aus Rumänien.
Alle lachten, und auch die Ausländer und
der junge Polizist, die den Witz nicht
verstanden, stimmten in das Lachen ein.

Rafik Schami
Mehrdad Zaeri
2021

Rafik Schami, geboren 1946 in Damaskus, promovierter Chemiker, ist einer der beliebtesten und erfolgreichsten deutschsprachigen Autoren. Seine Erzählkunst begeistert ein großes Publikum. In der edition chrismon erschien bisher von ihm in mehreren Auflagen „„Wie sehe ich aus?' fragte Gott".

Mehrdad Zaeri kam 1970 in Isfahan im Iran auf die Welt. Als 14-Jähriger wanderte er mit seiner Familie erst in die Türkei und dann nach Deutschland aus. Nach dem Abitur beschloss er, Künstler zu werden. In den ersten Jahren war es schwer. Später wurde es schön. Mehrdad Zaeri lebt und arbeitet gemeinsam mit seiner Lebenspartnerin Christina Laube als „Duo Sourati" in Mannheim.